AF144845

www.united-pc.eu

Dominik E.

Die schleichende Armut
90/10 wird kommen

Und es wird uns alle treffen...

Dieses Buch entstand aus meinen täglichen Erfahrungen und Weiterbildungen rundum das Thema Geld, das System und den damit verbundenen heutigen Problemen. Ich widme dieses Buch jedem Mann und jeder Frau, die nach Antworten zum heutigen System des Geldes suchen. Sie sind herzlichst eingeladen es aufmerksam zu lesen

Inhaltsverzeichnis

Vorwort

Zu aller erst möchte ich Ihnen verraten, wie ich mich dazu entschlossen habe dieses Buch zu schreiben, meinen Antrieb, weiter zu machen und was Sie aus diesem Buch lernen können, wenn sie es bis zum letzten Satz zu Ende lesen.

Ausschlaggebend für das Schreiben dieses Buches war ein Streit mit meiner Verlobten. Ja, Sie haben richtig gelesen. Eine negative Handlung zwischen zwei liebenden Menschen brachte mich endgültig dazu, dieses Buch zu schreiben. Ich möchte ihr heute umso mehr dafür danken.

Das Thema das Streites war wie bei vielen Menschen auf der ganzen Welt, die in einer Beziehung leben, das gute Geld. Genauer gesagt ging es um ein Sachgut das wir uns, laut ihr, nicht leisten könnten und das andere Menschen weniger in ihrem Leben erreicht und getan hätten als sie, aber schönere und hochwertigere Sachen ihren Besitz nennen dürfen.

Ich begann den Streit, indem ich ihre Ansicht verneinte und sagte, dass, wenn wir es wirklich wollten und uns die Zeit nehmen würden, uns damit genauer zu beschäftigen, wie wir an mehr finanziellen Mittel kommen könnten, könne sie sich auch solche Sachen kaufen. Aber ist das wirklich wichtig? Braucht sie das wirklich? Oder wäre das nur von der Gesellschaft gewünscht, weil es alle oder zumindest viele haben und damit prahlen?

Neue Lebenskraft: Mein Antrieb war wohl ein Verlangen nach mehr. Aber! Von was mehr? Geld? Nein nicht direkt. Mein eigentlicher Antrieb ist ein streben nach Freiheit und Luft zu haben, klar überlegen zu können, was ich wirklich machen will. Und daraus resultieren dann individuelle Einnahmequellen, welche außerhalb den meist bekannten Gehaltsgrenzen nach oben entspricht, die wir heute kennen. Man darf auch nicht vergessen, bekanntlich macht man das, was man aus Leidenschaft ausübt, auch sehr gut.

Was haben Sie davon, dieses Buch zu lesen? Zu aller erst spreche ich die schleichende Gefahr der Armut der heutigen Zeit an. Ein Thema, über das niemand gerne sprechen will.

Um die Hintergründe dafür genauer zu verstehen, werde ich Ihnen meine Sichtweise, in Kombination mit meinem erlernten Wissen, auf diese Themen erläutern, was Ihre Sinne für Geld und das System dahinter schärfen könnte.

Sie können nicht dem ausweichen, dass Sie nicht kommen sehen, oder? Dann war da noch die Sache mit 90/10. Ich werde

ausführlich erklären, um was es in der 90/10 Regelung geht und das es diese schon seit es den Menschen gibt, existiert und das dieses Ereignis fast schon jedes Jahrhundert auftritt. Damit Sie den gesamten Inhalt einfacher verinnerlichen können, werde ich zu jedem Thema, dass hier behandelt wird, ein Vordergrundwissen vermitteln, dass den Zusammenhang des Großen – Ganzen erleichtern wird.

Wenn Sie bereit sind einige unangenehme Wahrheiten über das Geld und ihre Systeme zu lesen, sich darauf vorbereiten möchten, wird sich,durch das Lesen des Buches, persönliche Lösungsansätzen herauskristallisieren. Übernehmen Sie die

Verantwortung über den Ausgang Ihrer persönlichen Zukunft.

Und nein, dass hier ist kein Guru – Buch über unermesslichen Reichtum und Wohlstand. Und ich werde Ihnen auch nicht eine ultimative Strategie für die Geldvermehrung anbieten.

Nun können Sie die Reise in die Systeme des Geldes, Armut und Wohlstand antreten und ich freue mich darauf, Sie begleiten zu können.

Aller Anfang

Mir kamen schon im jungen erwachsenen Alter "eigenartige" Gedanken, dass mit unseren Systemen etwas nicht stimmen kann. Ich wusste nur nicht, was es war, da ich es nicht gelernt habe. "Haesei" ist einer der wichtigsten Begriffe in diesem Buch, um einfacher das Geschriebene begreifen zu können.

Die ersten "eigenartigen" Gedanken, um die es unter anderem auch in diesem Buch geht, über unsere Systeme, auch das Bildungssystem, Geld und Anlagenmöglichkeiten, hatte ich kurz nach meinem Abbruch einer höheren Schulausbildung. Ich bin ehrlich zu Ihnen, ich konnte nichts mit der Gedankenwelt der Professoren anfangen und war einfach 2 Jahre lang verloren. Und zwar dachte ich an das Geldanlagesystem Pension, wie das in 30 oder 40 Jahren funktionieren soll, wenn 1. Die Leute immer älter werden und 2. Aufgrund von Inflation und Preiserhöhungen alles stetig teurer wird und wir verhältnismäßig weniger oder gleichbleibend Geld zur Verfügung haben.

Ich hatte auch immer das seltsame Gefühl, dass hier grundsätzlich etwas nicht stimmt. Auch mit den Schulsystemen auf der Welt, die man kennt. Da fehlte mir etwas ganz Grundlegendes, ich wusste aber nicht, was es sein könnte. Ich konnte es auch nicht wissen, da wir es in den Schulen nie gelernt haben. Ich werde auf dieses spezielle Thema, dass eigentlich keiner von Ihnen wissen kann, im Laufe des Buches genauer eingehen.

Im Laufe meiner Karriere die sich jetzt über 10 Jahre als Auszubildender, Facharbeiter bis zur Zusatzausbildung in der Spezialisierung einer Sparte meines damaligen Berufes über die Weiterbildung im Qualitätsmanagement an der größten Firma für Zertifizierungen in Österreich. Ich habe immer gesagt, da arbeiten die besten Qualitätsgurus. Aber eines ist mir in den 10 Jahren nie aus dem Kopf gegangen.

"Da muss es noch mehr geben! Ich mache Ausbildungen, mein Einkommen steigt nicht signifikant an und wird gedeckelt und dann soll ich arbeiten bis ich den Löffel abgebe, dass kann doch nicht der einzige Weg sein!"

Vor ca. 3 Jahren entschloss ich mich, Lehrer zu suchen, die mich über meine Gedanken aufklären könnten. Die

Suche erwies sich als nicht ganz so einfach, da mich keiner verstanden hat. Ich würde über Sachen nachdenken die nicht "notwendig " sind, da es so ist, wie es ist, hieß es meistens. Ein Jahr später bin ich zu meinem ersten Lehrer gekommen, der mit meinen Bedenken etwas anfangen konnte und so überschneideten sich die Menschen, von denen ich lernen konnte.

Kurz zusammengefasst lernte ich mit meinen Gedanken umzugehen, heute würde es Mindset heißen. Ich habe außerdem gelernt was die Systeme des Geldes machen und was sie nicht machen und ich habe gelernt das wir Menschen zu wenig schnell lernen können, um mit der heutigen Zeit mitzuhalten. Vor allem warum es Sie schleichend Arm macht und wie Sie das erkennen können. Was Sie nicht sehen können, dem können Sie einfach nicht ausweichen. Ich konnte in Erfahrung bringen, dass man es als Einzelkämpfer schwer hat und ich musste über meinen eigenen Schatten springen, mein Ego herunterfahren und um Hilfe bitten, um von anderen zu lernen.

Dieses gesammelte Wissen inklusive meiner eigenen Erfahrungen habe ich in diesem Buch niedergeschrieben um anderen Menschen zu helfen und vielleicht auch neue Pfade frei zu legen, die es davor in

Ihrer Welt nicht gegeben hat. Heute weiß ich schon viel mehr über meine Gedanken von damals, mehr dazu werde ich Ihnen nach und nach näher bringen. Ich verwende das Motto "Ha´es´ei" (Halte es einfach) damit Sie Schritt für Schritt den Inhalt verstehen und verinnerlichen können. Es braucht keine ultrakomplexe Tabellenkalkulation und eine Hochschulabschluss mit Auszeichnung in Wirtschaft um den Sinn in diesem Buch verstehen zu können. Ganz wichtig "Haesei"

Die Einführung

In der Vergangenheit hatte keine einzige Fiat Währung bestand und die jetzigen Fiat Währungen wird es auch nicht ewig geben. Gold ist das einzige beständige Zahlungsmittel und wurde schon vor Christus verwendet. Chris ist ein ausgezeichnetes Beispiel, warum wir immer weniger Geld zur Verfügung haben. Das war dennoch nur ein Teil des Ganzen

Nun werden Sie konkret Erfahren, über was Sie hier lesen werden. Was sich einfach anhört doch eher schwieriger in der Umsetzung sein kann. Um zu Verstehen, wie das gesamte System des Geldes funktioniert, müssen Sie einen ganz wichtigen Fakt verstehen. Geld wird aus dem Nichts erschaffen. Es kann einfach gedruckt werden oder man ändert eine Zahl in einem Computersystem bei der Bank. Wenn Sie mit der Kreditkarte bezahlen wird imaginäres Geld erschaffen, da sich ja kein Geld auf der Kreditkarte befindet.

Deswegen ist unser Fiat Geld, dass Geld, dass wir kennen, wird so genannt, eigentlich nichts mehr Wert,

da man beliebig viel davon erschaffen kann. Ich weiß, es klingt verrückt und ist schwer zu verstehen. Aber es ist so.

Am 15. August 1971 legte der damalige US-Präsident Richard Nixon den Grundstein für das heutige Wirtschaftssystem, indem er die Bindung des Dollar zum Gold aufhob und damit seit 1944 in Bretton Woods festgesetzte Weltwährungssystem beendete. Bis 1971 war der Goldpreis je Feinunze auf 35 Dollar festgelegt. Sehen sie sich den Kurs pro Unze jetzt an. Das liegt nicht daran, dass Gold mehr Wert wird, dass ist ein Trugschluss, sondern das die Währungen auf der ganzen Welt immer mehr an Wert verlieren. Wenn wir in der Geschichte zurück gehen werden Sie feststellen das KEINE einzige Währung in der Vergangenheit bestehen blieb, NICHT eine einzige.

Ich bin so frei und nenne Ihnen ein konkretes Beispiel welches Währungssystem nicht funktioniert hat: Das, des alten römischen Reiches. Da das Reich immer größer wurde und die Ressourcen zu knapp waren, um reine Währungsmünzen herzustellen, wurden die Münzen mit unedlen Metallen gestreckt, dass läutet den Untergang der Währungssysteme des römischen Reiches ein, da dadurch Geld vermehrt wurde. „Antikes Drucken"

Das werden die jetzigen Währungsformen auch NICHT. Das einzige Zahlungsmittel das es bis heute noch gibt ist Gold. Es wurde schon vor Christus bei den Ägyptern als Zahlungsmittel verwendet und gibt es bis heute noch.

Sie fragen sich jetzt bestimmt, warum es den diese Art der Bezahlungen gibt, wenn diese laut mir nicht beständig sind. Das kann ich Ihnen gerne sagen, um die Reichen reicher zu machen. Wie geschieht das, wenn das Geld laut Ihnen nichts wert ist? Nun ja das erkläre ich Ihnen anhand eines Beispiels:Wir nennen Ihn jetzt mal Chris. An alle Chris`es da draußen, es ist nichts persönliches und ich mag diesen Vornamen.

Chris ist jung und möchte in seinem Leben einiges erreichen, arbeitet fleißig, zahlt Steuern und hat die Möglichkeit, ein wenig Geld anzusparen. Chris lernt aktuell fleißig für die Fahrschule, damit er den Führerschein schnell erhalten kann und sich ein Auto kaufen kann. Er kann das Geld für den Führerschein ansparen aber es fehlen ihm einfach noch 20.000€ auf sein Traumauto, dass er unbedingt haben will. Er wird daher einen Kredit aufnehmen oder einen Leasingvertrag unterschreiben. Seine Fixkosten sind jetzt von sagen wir, 50€ für Handy, Netflix und Internet. Auf 400€ angestiegen. Da Chris noch bei den Eltern lebt, ist das für ihn kein Problem. Chris ist jetzt mittlerweile soweit von Daheim aus zu ziehen.

Es ist mittlerweile ein Jahr vergangen und er konnte wieder Geld ansparen, nicht soviel wie beim ersten Mal aufgrund des Autos. Er wünscht sich eine 2 – 2,5 Zimmerwohnung mit mindestens 50 qm². Da er ein Stadtmensch ist liebt er auch ein ausgiebiges Nightlife.

Er findet eine sehr schöne Neubauwohnung in seiner Größenvorstellung und will direkt einziehen. Er hatte gerade noch so viel Geld um die Kaution zu bezahlen und einen Teil seiner Möbel, aber für die Küche und einige kleinere Dinge muss er nochmals einen Kredit aufnehmen. Er brauchte nochmals 10.000€.

Somit stiegen seine Fixkosten von 400 auf 550€. Die monatliche Miete für dieses Haus beträgt warm ca. 750€. Dann wäre er jetzt bei Fixkosten von insgesamt 1300€ da sind wir uns einig. Da er Facharbeiter ist und 1800€ verdient hat er noch 500€ übrig zum Leben.

Jetzt wird es interessant! Chris bekommt kaum noch Geld auf die Seite gelegt. Er lernt dann 2 Jahre später seine Verlobte Mia kennen. Sie wollen heiraten und eine Wohnung oder ein Haus kaufen. Ich glaube, den Rest können Sie sich zusammenreimen. Das Problem fängt erst jetzt an.

1. Hatte er kaum noch Geldmittel, um sich großartig von der Bank bereichern zu lassen.

2. Wenn in der Zwischenzeit aus irgendwelchen Gründen eine Krise eintritt und die Zinsen bei den Krediten nach oben angepasst werden, dann wird es sehr sehr eng für den Chris.

3. Wenn sie dennoch für die Hochzeit und eine Eigentumswohnung einen Kredit aufnehmen dann sitzen beide mit einem Fuß in der Armut.

Bei einem Wohnungs- oder Hauskauf kommt GARANTIERT eine Krise oder Anpassungen innerhalb der Zeit in der sie den Kredit tilgen müssten.

Sie glauben, ich könnte das doch nicht wissen? Wenn wir in die Vergangenheit zurück reisen gab es in jedem Jahrhundert Krisen oder? Wissen Sie welches Thema, wir jetzt da noch nicht angesprochen haben? Die Inflation und die Teuerungen von Gütern jährlich. Um mit diesem Thema zum Ende zu kommen eine kleine Hausaufgabe für Sie:

Rechnen Sie sich das selbe Geschehen in der Zukunft aus. Schauen Sie wie viel teurer alles in den letzten 20 Jahren geworden ist und rechnen Sie es auf 20 Jahre hoch und wie viel Geld Chris im Durchschnitt mehr in 20 Jahren verdienen würde und rechnen Sie dann alles nochmals zusammen. Das Ergebnis wird Sie erschrecken.

Doch irgendwer muss doch hinter dem System stecken oder? Die Krisen kommen doch nicht einfach so oder sind wir einfach nur zu Dumm und lernen nichts aus unseren Fehlern und machen sie immer wieder? Was ich glaube, dass Sie aus der Einführung mitnehmen können:

Wir haben gelesen, dass die Währungen immer weniger Wert werden, da man davon unendlich drucken könnte und man einfach eine Zahl in einem System eingeben kann. Vielleicht sollte ich mein Geld so deponieren, dass es im Wert gleichbleibend oder eine Wertsteigerung ausmacht (Eigentlich ist es, die Abwertung ihres Vermögens stoppen). Da haben wir die Möglichkeit des Goldes gelesen.

Sie sollen jetzt allerdings kein Gold kaufen, weil es in diesem Buch steht, sondern weil es eine Option für Sie sein sollte. Das war nur eine Möglichkeit, die aufgezählt wurde. Einen genauen Blick auf Ihre Einnahmen und Ausgaben schadet Ihnen sicherlich nicht. Sie werden feststellen, dass es auch versteckte Kosten gibt, die Sie bis jetzt nicht wahrgenommen haben.

Kapitel 1: Die heutigen Finanzsysteme

Da das Geld im eigentlichen Sinne nichts wert ist, wird ihm dennoch einen Wert gegeben. Alle Finanzsysteme auf der Welt, werden Finanzinstrumente entwickeln um die Reichen reicher zu macht und die Armen noch ärmer zu machen. Dieses System ist mittlerweile kaputt und es wird abermals kollabieren und Millionen Menschen auf der Welt von der Mittelschicht arm machen.

Um nochmals kurz an die vorherige Einführung anzuknüpfen. Es gibt ja einen Grund warum der Dollar Dollar heißt und der Euro Euro. Warum können wir nicht einfach mit Gold bezahlen, da er ja in der Geschichte immer stabil war? Ganz einfach gesagt: weil Gold die Reichen nicht im jetzigen Umfang reicher machen würde. Es gäbe auch nicht das heutige Zinssystem bei einem Kredit. Außerdem hätte ich noch nie gesehen, wie ein Mensch seinen Kredit monatlich mit Gold tilgt. Das würde meiner Ansicht nach aber lustig aussehen.

Die Finanzsysteme werden sich weiterentwickeln, aber nicht so wie die Masse es gerne hätte. Es werden immer mehr Finanzinstrumente entwickelt, um das Ziel Leute ärmer zu machen erreichen zu können. Mit der Einführung von Derivate wurde eine finanzielle Massenvernichtungsmaschinerie gestartet.

Was sind Derivate? Vereinfacht gesagt, ein Bruchstück aus einem Ganzen. Kerosin ist ein Derivat von Öl. Also Kerosin wird aus Rohöl hergestellt. Diese Reihung aus mehreren Abspaltungen eines Ganzen ist heute sehr instabil und führte auch zu der Krise 2008. Wir haben nichts aus dem Crash gelernt und die Derivate besitzen heute noch einen noch höheren Wert als es 2008 der Fall war.

Wenn dieses System wieder crashen sollte, was es früher oder später tut, dann war 2008, wo mehrere tausende Menschen pleite gingen und auf der Straße lebten, von heute auf morgen, ein gemütlicher Spaziergang am Fluss.Wir könnten hier von Millionen

Menschen sprechen, die einfach nichts mehr haben. Heute sind diese Derivate

überall zu finden. In den Pensionskassen, in den Versicherungspolizzen an der Börse und anderen Investmentwerkzeugen. Durch diese Finanzinstrumente werden Gelder generiert die eigentlich nicht existieren sollten. Die haben den gleichen Wert wie die Währungen nämlich nichts.

Wenn das stimmten würde, was ich sage, warum funktioniert, dass alles und warum wird das nicht gestoppt? Das kann ich Ihnen auch auf "Haesei" Art erklären. Sie zahlen doch automatisch in ein Rentensystem ein, haben Aktien oder eine Lebensversicherungen oder investieren auf irgendeiner Art und Weise in einen Fond? In alle diesen Anlagenprodukten stecken auch Derivate. Was also passiert mit Ihrem Geld, wenn das System abermals versagt?

Dann haben Sie bis zu diesem Zeitpunkt Geld für nichts angespart! Alles weg. Unwiderruflich. Was aber, wenn mein Geld vertraglich oder gesetzlich geschützt sein sollte? Vertrag und Gesetz hin oder her. Wenn Ihre Einlage 0 Euro wert ist, dann ist Ihre

Einlage 0 Euro wert... Ausnahmslos. Das passiert den Reichen doch auch oder? Überlegen Sie sich auf diese Frage folgendes. Mit was verdienen die Reichen ihr Geld bei solchen Systemen? Ich kann Ihnen auch hier ein Beispiel nennen.

Sie investieren die nächsten 30 oder 40 Jahre in eine private Lebensversicherung, sagen wir 200€ im Monat und man verspricht Ihnen eine Rendite von 6% p.m. Auf diese 200€ und 6% Rendite zahlen Sie ja Gebühren und Steuern, habe ich recht? Glauben Sie, dass die Reichen diese Gebühren und Steuern ebenfalls auf die gleiche Weise anlegen, wie die Versicherung es für Sie tut? Sicher nicht.

Denn die Reichen wissen, dass sie den gleichen Verlust erleiden würden wie Sie. Die Gebühren bekommen die Reichen immer, da Sie ja 1. in einem Vertrag gebunden 2. Wenn der Fond an Wert verlieren sollte, sie trotzdem die gleichen Gebühren für Ihre 200€ kassieren.

Hochgerechnet auf die Arbeitenden in einem ganzen Land, die in die Pensionskassen einzahlen müssen, weil es verpflichtend ist, können Sie sich dann die Gebühren ausrechnen, die die Reichen kassieren.

Aber STOP! Es kommt doch auch den alten Menschen zugute, die in der Pension sind, dass die Pensionskassen gefüllt bleiben. Glauben Sie wirklich, dass in Zukunft mehr Personen einzahlen können, als aus dem Topf herausgenommen wird? Also ich nicht. Abgesehen davon, dass immer die Gefahr besteht, das die Anlagen von heute auf Morgen 0€ wert sein könnten. Ich habe zu den Versicherungen ein Praxisbeispiel, da ich 10 Jahre lang in einen investiert habe und nach meinen neuen Erkenntnissen sofort den Vertrag gekündigt und mir das Geld ausbezahlen lassen habe.

In diesen 10 Jahren war ist der gesamte Fond-wert seit meiner ersten Auszahlung um 23% gesunken. Das bedeutet ich habe 23% meines hart erarbeiteten Geldes in den Sand gesetzt. Übergens Tendenz fallend. Jetzt könnte man noch sagen, ja aber der Staat schützt doch diese Gelder oder?

Ja, aber wenn Sie 30 Jahre lang einzahlen ist der geschützte Betrag nur ein Bruchteil Ihrer Investition. Ich kann Ihnen garantieren, wenn es dann schief geht, reicht der geschützte Betrag niemals über Ihre gesamte Pension aus.

Wenn wir ja jetzt wissen, dass da was nicht stimmt und das System eigentlich kaputt ist, wieso geht es dann noch weiter? "Haesei": Wenn Sie als reiche Person reicher werden würden, durch die Handlungen die Sie machen, würden Sie dann damit aufhören oder weitermachen? Die Antwort auf die Frage lautet Menschlichkeit, genauer gesagt Gier. Es wird immer Menschen geben, die gierig sind und anderen Menschen versuchen, etwas weg zu nehmen. Sei es ihre Sachgüter oder Geld.

Da wir Menschen ja bekanntlich gierige Geier sind, werden die Reichen unsere Systeme so weiterentwickeln bis die Mittelschicht nach und nach komplett verschwindet. Diese Anordnung nenne ich 90/10. 90% der Bevölkerung besitzt 10% an des vorhandenen Gelds und sind arm und 10% der Bevölkerung besitzt 90% des Geldes und sind Superreich.

Zu diesem Thema habe ich ein eigenes Kapitel verfasst und werden auf die Konstellation genauer eingehen. Was ich glaube, dass Sie aus dem Kapitel mitnehmen können.

Sie haben nun einen Einblick erhalten, wie das Ganze im Groben funktioniert. Auf den ersten Blick erscheint das alles nicht sehr rosig, ABER das reine Wissen über unsere Systeme könnte Sie schon schützen, da Sie wissen und jetzt auch sehen können, was auf Sie zukommt und was gespielt wird. Um im "Spiel" des Geldes mitmischen zu können, anstatt unwissentlich zu verlieren, könnten Sie das selbe Spiel dass die Reichen spielen lernen.

So können Sie sich Lehrer suchen, die eine Ahnung davon haben, wie das Spiel gespielt wird und Ihnen einige Regeln erklären lassen.

Für dieses Kapitel habe ich eine kleine Aufgabe für Sie:

Versuchen Sie es einfach mal mit dem Spiel "Monopoly" und behandeln Sie das Spielgeld, als wäre es Ihr echtes Geld.

Sie werden feststellen, wie sich Ihr Verhalten im Spiel ändern wird. Beobachten Sie genau was Sie während dem Spiel machen, denken und warum Sie es tun, ob Sie pleite gehen oder als reicher Spieler aussteigen.

Es ist nicht anderes was die Reichen tagtäglich tun, Ihr und das Geld anderer, so wie anderes Vermögen von A nach B zu schieben und versuchen es zu vermehren.

Wie ein Spiel. Nur ein bisschen Komplexer wie Monopoly. Überlegen Sie was Sie noch aus dem Kapitel mitnehmen können.

Kapitel 2: Menschen brauchen Menschen

Die richtige Anlaufstelle finden

Heutzutage ist es umso wichtiger richtige Anlaufstellen für die Erweiterung Ihres finanziellen Wissens zu finden. Finanzielle Intelligenz ist das A und O um mit dem Spiel des Geldes mithalten zu können. Deswegen ist es unerlässlich sich durch wahre Lehrer weiterbilden zu lassen und nicht stehen zu bleiben und aufgrund einer gewissen Anstrengung und das "Risiko" Fehler zu machen finanziell unwissend oder gar dumm zu bleiben. "Es ist besser, eine Nacht lang über seine Zukunft nachzudenken als ein Leben lang dafür zu arbeiten"

Einer der wichtigsten Fragen in diesem Buch ist: Haben Sie in irgendeiner konventionellen Schule die Sie besucht haben irgendwann, irgendetwas über Geld oder den Systemen des Geldes gelernt? Also ich nicht, zu keinem Zeitpunkt.

Und damit sind nicht irgendwelche Wirtschaftslehren gemeint. Jemand der die Wirtschaft studiert hat, hat auch nach dem Studium keine Ahnung von Geld. Lediglich wie die Wirtschaft funktioniert oder auch nicht funktioniert sonst würde er ja "Geld" studiert haben.

Ich habe in der Pflichtschule einmal gefragt, ob wir etwas über Geld lernen. Ich habe nie eine eindeutige Antwort auf diese Frage erhalten oder überhaupt etwas über Geld gelernt. Ich habe in der Berufsschule im Rechnungswesensunterricht gefragt, ob wir etwas über Geld lernen, nichts.

Erst als ich den "richtigen" Lehrer gefunden habe, habe ich Antworten auf meine Fragen bezüglich des Geldes erhalten, ansonsten könnte ich dieses Buch hier nicht schreiben. Die Menschen, die wir etwas über Geld beigebracht haben, waren nicht körperlich anwesend. Genauer gesagt, habe ich Bücher gelesen und mit Hörbücher angehört.

Robert T. K. ist einer der, für mich, beeindruckendsten und geradlinigsten Lehrer, als ich mir seine Werke einverleibte. Also ein wahrer Lehrer muss nicht immer in der

Nachbarschaft wohnen. Es können auch Bücher, Hörbücher, Videos usw. eines Lehrers sein.

Denn ihre Gedanken wurden ja in den Werken verfasst und es ist ähnlich, als ob Sie sich von diesem Menschen direkt belehren lassen würden. Jetzt fragen Sie sich wahrscheinlich, wie so ein wahrer Lehrer aussehen könnte oder? Um das zu erfahren verwenden wir wieder "Haesei".

Wenn Sie etwas über Reichtum lernen wollen, dann lassen sich sich auf jemanden ein, der viel Geld von ganz alleine oder mit einem Team verdient hat. Von 0 auf Reich. Er kann Ihnen etwas über Geld erzählen. Ich wäre der falsche Lehrer, um Ihnen etwas über Reichtum beizubringen, da ich es zum jetzigen Zeitpunkt nicht bin.

Wenn Sie etwas über Immobilieninvestments lernen wollen, dann lassen Sie sich auf einen Menschen ein, der erfolgreich mehrere Immobilien besitzt. Der Punkt ist, wenn Sie auf der Suche nach einem wahren Lehrer sind, was Sie auch immer lernen wollen, braucht der Lehrer

Praxiserfahrung und muss damit erfolgreich sein was er tut.

Ansonsten sind es keine echten Lehrer. Dafür gibt es leider mehr Beispiel als für wahre Lehrer. Um einige aufzuzählen. Ihr Bankberater ist kein echter Lehrer, da er Ihnen nur erzählen kann, was von oben diktiert wird und in Verträgen steht.

Er kann Ihnen nur etwas anbieten, dass von anderen Menschen erschaffen wurde und er nur das weiß, was er wissen muss. Nicht mehr und nicht weniger. Ihm wird erzählt, dass die Finanzprodukte, Sparkonten und irgendwelche Fonds und was auch immer, die besten Produkte sind weil.......

aber das bedeutet nicht, dass er weiß, was ein Fond wirklich ist oder wie er wirklich funktioniert und wie man damit mehr Geld machen könnte.

Ein Immobilienmakler ist auch kein echter Lehrer. Er kennt auch nur das, was er in der Agentur gelernt hat und das seine Preise die Besten sind. Das weiß ich, weil ich mir einmal bei einem Investitionsobjekt alles durchgerechnet habe. Dieses Objekt würde ich nie als Vermögensaufbau bezeichnen, da es sich rechnerisch nicht für eine Rendite ausgehen würde und das über einen sehr langen Zeitraum. Außerdem ist so jemand sehr oft nicht im Besitz einer eigenen Immobilie als erfolgreiche Geldanlage, also wie will den jemand, der das nicht tut, mir beibringen können, wie es richtig funktioniert?

Zu Begriffen wie Rendite, Vermögen und Verbindlichkeiten kommen wir noch in diesem Buch. Ihr Vermögensberater ist auch kein richtiger Lehrer. Er möchte Ihnen erklären, wie Sie Geld richtig ansparen, ist aber selber meistens nicht reich.

Wie soll jemand das Geld vieler Leute positiv zum Reichtum führen, wenn er selber nicht weiß, wie man reich wird? Zusammengefasst möchte ich Ihnen damit erklären, wenn Sie auf der Suche nach einem bestimmten Lehrer sind, dann suchen Sie sich Leute aus, die

1. Erfolgreich sind mit dem was Sie machen
2. Es mit Leidenschaft tun, ansonsten wären sie nicht erfolgreich und noch ein ganz wichtiger Punkt, fast schon der Wichtigste von allen Punkten: Er Ihnen etwas über seine Fehler erzählen kann. Menschen lernen aus

Fehlern. Umso mehr Fehler Sie machen, umso mehr können Sie in Erfahrung bringen, wie es nicht funktioniert und sich dann nach anderen Möglichkeiten umsehen, also um daraus zu lernen und besser zu werden.

In der heutigen Gesellschaft, wird man oft, sehr oft, zu oft, negativ darauf hingewiesen wenn man einen Fehler macht und das nicht angebracht ist. Es fängt schon klein an, indem man uns sagt, was wir NICHT machen dürfen und was FALSCH ist, ein Fehler ist.

In allen Schulen wird so unterrichtet, dass man fast fehlerfrei sein muss, um eine gute Note zu schreiben. Uns wurde die Fehlerfreiheit ein Leben lang eingeprägt. Das ist FALSCH. Da Menschen nur aus Fehlern die sie machen lernen können.

Wie soll sich ein Mensch weiterentwickeln, wenn er permanent glaubt, fehlerfrei zu sein? Natürlich gar nicht. Er wird stehen bleiben.

Eine wichtige Lektion daraus ist, dass Sie Fehler machen müssen, um besser zu werden. Nicht extra, aber aufgrund Ihrer Menschlichkeit werden Sie die machen und nach jedem Fehler, den Sie gemacht habe, werden Sie besser. Garantiert. Wir müssen aufhören zu denken, dass Fehler schlecht sind, dass bremst uns in der Entwicklung aus. Viele Menschen leugnen Ihre Fehler bevor sie die Fehler, die Sie gemacht haben zugeben, dass ist FALSCH.

Jetzt erzähle ich Ihnen meine Fehler, die ich nicht erkannt habe oder nicht erkennen wollte, bis vor 3 Jahren. Ich hatte Schulden. Wie viele von Ihnen. Um eine Summe zu nennen waren es insgesamt etwa 35.000€. Ich hatte einen ähnlichen Lebensweg wie Chris. Anstatt weg zu sehen habe ich gelernt, damit um zu gehen und Wege für mich zu suchen, diese Schulden zu minimieren.

Ich habe mir einige Lehrer gesucht, gefunden und bin mit meinem Vermögen fast eben in 3 Jahren. Jetzt sind es etwa noch 5000€ an Schulden.

Die vermag ich bis Ende 2023 abbezahlt zu haben. Dafür wäre ich jetzt der richtige Lehrer, also Ihnen zu erklären und zu lernen, wie Sie auf einem Weg der Schuldenfreiheit wandeln könnten. Wohl bemerkt, ich bin kein Steuerberater, Vermögensberater oder ähnliches. Ich habe mich einfach nur finanziell weitergebildet in einer NICHT konventionellen Art und Weise. Warum betone ich hier das "Unkonventionelle"?

Ich habe Sie ja gefragt, ob Sie in Ihrer Schulzeit oder der gesamten Ausbildungszeit etwas über Geld gelernt haben. Wahrscheinlich nicht. Und auch nichts über die Systeme und auch nichts über Schulden. Sondern wir haben gelernt, mach eine ordentliche Ausbildung, geh arbeiten und verdiene Geld damit du dir deinen Unterhalt leisten kannst.

Herzlichen Glückwunsch Sie sind zu einem "anscheinend" fehlerfreien, da Sie vielleicht gute Noten hatten, fleißigen Arbeitsbienchen herangewachsen der die reichen Reicher macht und Sie für das Gleich auf Dauer weniger bekommen werden und in eine schleichende Armut versinken. Das ist die aktuelle bittere Wahrheit.

Nun könnten Sie sich Fragen. Ich habe doch nichts falsch gemacht, ich habe getan, was in der Gesellschaft üblich ist, ich habe mich gebildet, so wie es die Gesellschaft verlangt und ich bin aktuell ein sehr erfolgreicher Arbeitnehmer mit einem soliden Zahltag und Arbeitssicherheit. Ist das denn nicht richtig?

Erneut herrlichen Glückwunsch Sie wurden zu dem, was andere von Ihnen verlangten und in der Gesellschaft als üblich angesehen wird. Was wollen Sie den wirklich? Da Sie das Buch gekauft haben, bin ich davon überzeugt, dass sich nicht ganz wie die Gesellschaft sind.

Es fehlt etwas. Denken Sie über folgenden Satz genau nach: "Es ist besser, eine Nacht lang über seine Zukunft nachzudenken als ein Leben lang dafür zu arbeiten" Nehmen Sie den Satz nicht wörtlich, aber überlegen Sie, wie kraftvoll dieser Satz in der Umsetzung sein kann, wenn Sie Ihn verstehen und leben.

Was konnten Sie aus diesem Kapitel mitnehmen?Was ich glaube, dass Sie aus diesem Kapitel lernen konnten. Wir haben etwas über die richtigen Lehrer gelesen.

Suchen Sie diese Lehrer nicht in einer Bank oder Agentur. Suchen Sie nach erfolgreichen Menschen, die es aus eigener Kraft oder mit Hilfe eines Teams geschafft haben, dass das was sie tun, auch erfolgreich umgesetzt wurde. Die Schule hat Ihnen nie den täglichen Umgang mit Geld oder den richtigen Umgang mit Systemen oder Schulden beigebracht. Nur etwas Veraltetes das in einem Lehrbuch steht.

Wir wurden seit Kindesalter so fehlerfrei wie möglich erzogen, aber Menschen können nur aus Fehlern lernen.

Außerdem wurden/werden wir auch zu zukünftigen bzw. jetzigen Arbeitern und Angestellten erzogen, wie es sich die Gesellschaft vorstellt und die Reichen brauchen um reicher zu werden. Der Satz "Es ist besser, eine Nacht lang über seine Zukunft nachzudenken als ein Leben lang dafür zu arbeiten" könnte Ihnen die Augen weiter öffnen und neue Lösungen in Aussicht stellen.

Wieder möchte ich Sie um eine kleine Übung bitten: Setzen Sie sich hin und überlegen Sie genau, was Sie wann und wie gelernt haben in Ihrem Leben. Schreiben Sie sich die Kernpunkte auf. Dann schreiben Sie hin, was Sie wirklich wollen. Suchen Sie sich Personen, die auf diesen Gebieten erfolgreich sind und nehmen Sie entweder Kontakt auf wenn Sie in der Lage sind oder sehen studieren Sie die Werke dieser Personen (Bücher, Hörbuch, Videos, Seminare, etc.). Achten Sie darauf, dass es die richtigen Lehrer sind, wie Sie im Buch beschrieben wurden.

Kapitel 3:
90/10, die Unheilformel

Die 90/10 beschreibt ein immer wiederkehrendes Ereignis in der Geschichte der Menschheit. Im Grunde genommen ist es ein Ereignis, dass die Verschiebung von Hab und Gut oder Geld von den Arbeiterklassen oder Menschen mit weniger Vermögen oder Verstand an die reichere Minderheit der Bevölkerung.

Dabei sollte 90/10 also 90% der armen Bevölkerung besitzen 10% des gesamten Vermögens und 10% der reichen Bevölkerung besitzen 90% des gesamten Vermögens nicht 1 zu 1 gesehen werden sondern Sinnbildlich für die Masse an Armen und die Minderheit an Reichen gesehen werden.

In dieser Formel verschwindet die Mittelschicht gänzlich. Die schleichende Armut ist im vollen Gang und wir haben es nicht bemerkt.

Diese Formel entstand in meinen Gedanken, währenddessen ich mich an die Geschichte von Chris und weiteren Personen in einem ähnlichen Zustand heute befinden. Wenn Sie die Aufgabe erledigt haben,wissen Sie jetzt das Chris zwar mehr verdient, aber seine Kosten in 20 Jahren irreparabel angestiegen sind.

Was sich nur noch die Reichen leisten könnten. In unserem Beispiel habe ich die Mittelschicht in 20 Jahren verschwinden lassen. Und dieses Beispiel ist leider sehr Realitätsnah.

Aber wie kommt es zu dieser Verschiebung, die die Menschheit immer wieder durchleben müssen. "Maesei" Gier. Ich habe Ihnen erzählt, dass Menschen immer gieriger werden, wenn das was sie tun, funktioniert und reicher werden, aber sich auch neue Instrumente einfallen lassen, um die Verschiebung zu beschleunigen.

Wie in dem Beispiel indem Sie Monopoly spielen. Vereinfacht gesagt, es wird solange gespielt, bis es nur noch einen Gewinner gibt und alle anderen Mitspieler pleite sind. Das ist das Spiel der Armen und Reich basierend auf der Gier des Menschen. Würden Sie eine Runde Monopoly beenden, wenn Sie gerade hoch Gewinnen? Ich bezweifle es und auch bezweifle ich, dass die Reichen ein gewinnendes Spiel beenden werden.

Wie ich anfangs beschrieben habe, bedeutet 90/10 90% arme Bevölkerung besitzt 10% des gesamten Vermögens während 10% der reichen Bevölkerung 90% besitzen.

Diese Annahme bitte nur Sinnbildlich verstehen. Es gibt keine prozentual genaue Aufteilung. Fakt ist: Dieses Phänomen gab es in der Menschheitsgeschichte nicht nur einmal. Im alten römischen Reich konnte man diese Entwicklung sehen, umso größer es geworden ist. Im Laufe beider Weltkriege konnte man die Verschiebung sehen.

Was ich damit sagen will ist, es ist ein wiederkehrendes Ereignis und wir können oder wollen nicht daraus lernen.

Wenn die Minderheit der Reichen dann zu gierig wurde und die Armen sich kaum noch Nahrungsmittel leisten konnten, begann zuerst die Kriminalität zu steigen und zu guter Letzt holten es sich die Armen von den Reichen zurück. Ich hoffe, dass es in der heutigen Zeit nicht zu solchen Ausschreitungen kommen wird, aber ausschließen will ich das nicht, da es dieses Spiel seit Jahrhunderten gibt und der Ausgang immer der selbe oder zumindest ähnlich war. Das hat sich vor 100 Jahren nicht geändert, dass wird sich heute nicht ändern und in Zukunft wird sich das auch nicht ändern, weil der Mensch menschlich ist und Gier eine Eigenschaft der Menschlichkeit.

Viele von euch denken jetzt vielleicht an Chaos Theorie, wie kann er so was nur schreiben? Ich kann Ihnen sagen, wie ich so was nur schreiben kann. Können Sie sich heute gleichviel leisten, wie vor 10 oder 20 Jahren mit den gleichen Geldmittel?

Ich kann mich erinnern, dass es bei den meisten Familien gereicht hat, wenn der Vater arbeiten ging und die Mutter zuhause bei den Kindern war. Kann sich das der Großteil der Familien heute noch leisten?

Wie sie sehen, hat die Verschiebung bereits vor einiger Zeit begonnen. Schleichend. Wenn Sie es nicht aktiv mitverfolgen, können Sie es auch nicht sehen, geschweige denn reagieren. Der einzige Unterschied zu den 90/10

Ereignissen in der Vergangenheit ist, er ist schleichend, fast schon unsichtbar, deswegen bekam das Buch den Titel. Die schleichende Armut. Und noch viel gefährlicher wird der Prozess

mit der Zeit, denn er wird durch die heutige Gier langsam, fast unsichtbar beschleunigt bis alles Fahrt aufnimmt. Und in kürzester Zeit wird dich dieser Prozess in seiner Beschleunigung beschleunigen. Als Beispiel nehme ich die Erdanziehungskraft her.

Wenn du fällst, hörst du irgendwo bei über 200 km/h freier Fall auf (genau weiß ich es nicht, ich bin kein Physiker) zu fallen und behältst die Geschwindigkeit bei wegen des Wiederstandes. Diese Beschleunigung, von der ich spreche hat aber keinen Widerstand...

Der nächste Widerstand wäre nichts mehr zu besitzen oder alles zu besitzen. Das alles mag für Sie jetzt sehr unglaubwürdig klingen. Denken Sie einfach genau darüber nach.

Eine Kugel Eis kostete um die 2000er wende umgerechnet ca. 25 Cent je nach dem wo Sie gelebt haben. Wenn ich das mit der durchschnittlichen Inflation ausrechnen würde und eine halbwegs vernünftige

Erhöhung von Gewinnspannen (meiner Meinung nach die Gewinnspanne um die Inflation erhöhen) dann sollte heute eine Kugel Eis ca. 1.10€ kosten. Ich glaube, es gibt nur sehr wenige Orte in Deutschland, Österreich und der Schweiz, wo eine Kugel Eis umgerechnet 1.10€ kostet oder?

Was ist dann mit den 40, 50 oder sogar 90 und mehr Cent die die Kugel laut meiner Rechnung teurer ist. Die gehören den Reichen.

So jetzt haben Sie sehr viel und ausführlich viele negative Eindrücke erdulden müssen. Kommen wir jetzt mal zum Positiven. Wenn Sie zu dem was Sie lernen möchten, die richtigen Lehrer finden, wenn Sie das Monopoly Spiel der Reichen verstehen und wenn Sie die Gefahr auf sich zukommen sehen, selbst wenn diese fast unsichtbar ist, können Sie dagegen tatsächlich etwas unternehmen.

Die Stichwörter lauten finanzielles Bewusstsein. Wenn sie sich dessen im Klaren (Bewusst) sind, was hier gespielt wird, können Sie sich zurücklehnen und beobachten und das eine oder andere Spiel mitspielen. Das soll keine Formel für Reichtum oder Wohlstand sein, aber Sie fangen jedoch an wie die Reichen zu denken.

Jetzt wird es vermehrt vorkommen, dass Sie Türen sehen, wo für Sie nicht als Tür identifizieren konnten. Gehen Sie durch. Machen Sie Fehler. Lernen Sie daraus. Lassen Sie sich ausbilden. Gehen Sie durch die nächste Tür usw. Lösungen werden Ihnen auf dem Weg einfallen, die zuvor nicht einmal ein Thema für Sie waren.

Und das alles NUR ("Haesei") weil Sie mit offenen Augen und geschärften Sinnen durch den Lebensweg voranschreiten. Was konnten Sie aus diesem Kapitel herauslesen? Was ich glaube, dass Sie auf Ihrem weiteren Weg sehr gut gebrauchen können.

Ich konnte lesen, dass die Menschen aufgrund ihrer Gier immer wieder den Ablauf von 90/10 herbeiführen. Wenn ich das schon weiß, kann ich mich darauf vorbereiten indem ich mich selber weiterentwickle und immer einen Schritt voraus denke.

Sie sind sich bewusst, dass Sie sich vor 10 oder 20 Jahren für das Gleiche mehr Leisten konnten. Sie werden Möglichkeiten aus dem Hut zaubern, die davor für Sie unerreichbar schienen und Sie werden erkennen, wann Sie ins Spiel einsteigen können und wann jemand versucht, Sie im Monopoly zu schlagen und daraus stärker hervorgehen. Ein paar Häuser mehr in Monopoly hat noch nie geschadet.

Kapitel 4:

Rendite, Vermögen und Verbindlichkeiten

Um die Reichen zu verstehen, müssen Sie auch Ihre Sprache sprechen. Als Rendite bezeichnet man ausbezahlte Zinsen einer Anlage. Zum Beispiel, wenn Sie ein Sparbuch eröffnen mit 1% Zinsen im Jahr und Sie haben 1000€ auf dem Sparbuch liegen dann erhalten Sie eine Rendite von 10€ (wir rechnen das jetzt einmal ohne Gebühren). Als Vermögen werden Sachgüter oder Anlagen bezeichnet die Ihnen einen positiven Cashflow bescheren.

Zum Beispiel: Sie kaufen ein Haus und wollen es vermieten, wenn die monatlichen Mieteinnahmen höher sind als die monatlichen Ausgaben für das Haus also das Geld (Cash) auf Ihr Konto fließt (-flow), kann das Haus als Vermögen gesehen werden. Verbindlichkeiten sind alle Hebel, die dazu führen, dass Geld (Cash) aus Ihrer Tasche in eine andere Tasche fließt (-flow). Also einen negativen Cashflow. Das wäre zum Beispiel ein Haus, dass Sie kaufen um darin zu wohnen. Solange Sie das Haus nicht gewinnbringend vermieten oder das Haus mit einem Gewinn wieder verkaufen bleibt es eine Verbindlichkeit.

Sämtliche in diesem Buch genannten Beispiele sind keine Anlageberatungen. Ich spiegle nur mein erlerntes Wissen und persönliche Erfahrungen wider. Ich bin nicht befugt, Sie auf irgendeiner Art und Weise über Investitionen zu beraten.

In der Welt der Reichen läuft so einiges ein wenig anders ab. Sie fragen sich bestimmt, wie ich wissen kann, wie ein Reicher denkt und wieso ich seine Sprache verstehe. Ganz "Haesei" erklärt, ich habe es mir von einer reichen Person erklären lassen.

In der Welt des Reichtums und Wohlstandes gibt es die Begriffe, Arbeitssicherheit, Gehalt, Arbeitnehmer und Arbeitgeber, Gewerkschaft und die damit verbundenen Bedeutungen einfach NICHT.

Die Reichen kommunizieren mit den Wörtern, Rendite, Vermögenswerte, Vermögen, Verbindlichkeiten, Bilanz,

Investments, Portfolio und deren weiteren Bedeutungen. Umso mehr Sie diese Sprache verstehen, umso einfacher ist es die Strategie der Reichen in einem Monopoly spiel zu lesen, verstehen und dann richtig zu reagieren.

Sie können auch die Fähigkeiten erlangen, sich in Richtung des Reichtums zu bewegen. Das muss nicht immer sofort ein Reichtum an Geld in Millionenhöhe sein. Es kann auch ein Reichtum an Wissen sein und daraus resultiert dann das Geld.

Ich werde Ihnen ein bisschen etwas über die einzelnen Worte, die die Reichen sprechen beibringen. Fangen wir mal mit dem Wort "Rendite" an. Als Rendite wird alles bezeichnet, dass aus irgendeiner Anlageform einen Zins abwirft oder Geld generiert und auf Ihrem Konto landet.

Am Anfang des Kapitels habe ich das Sparbuch als Beispiel genannt.

Es gibt auch eine Rendite in den negativen Bereich. Also, dass Sie zum Beispiel einen Kredit tilgen und Zinsen darauf zahlen.

Dann wäre es die Rendite der Bank. Für Sie heißt diese negative Rendite anders. Ich werde in diesem Kapitel näher darauf eingehen. Kurz gesagt, eine Rendite bedeutet einen positiven Cashflow auf Ihr Konto zu generieren. Das Wort "Cashflow" werde ich auch in diesem Kapitel näher erläutern. Als nächstens kommt das Wort "Vermögen".

Das sind alle Güter und Anlagen die einen positiven Cashflow generieren. Ich habe einen Investitionskauf eines Haus als Beispiel am Anfang des Kapitels genannt. Sie könnten auch Anteile an einer Firma kaufen, die ein Teil des Gewinnes für Sie generiert.

Es könnte auch eine Maschine sein die Sie kaufen um damit Gewinne zu generieren. Wichtig ist, dass Sie verstehen, dass Vermögenswerte Sie reicher machen und nicht ärmer.

Jetzt kommen wir zu den "Verbindlichkeiten". "Haesei" Alles das Geld aus Ihrer Tasche zieht und Sie ärmer macht. Ein Beispiel, ebenfalls mit dem Haus, habe ich am Anfang des Kapitels genannt. Auch ein Kredit ist eine Verbindlichkeit.

Er macht Sie ärmer, da er Geld aus Ihren Taschen zieht und als Rendite auf der Bank landet. Das gleiche gilt für das Auto oder teure

Möbel. Wenn Sie an der Börse Aktien gekauft haben und diese im negativen Bereich sind ist es ebenso ein Verbindlichkeit, bis die Aktien in ihrem Wert wieder gestiegen ist und mehr Wert hat, als Sie die Aktie gekauft haben, dann ist es ein Vermögenswert.

Dividendenaktien sind ebenso ein Vermögenswert, da diese einen positiven Cashflow generieren. Das wichtigste Wort überhaupt "Der Cashflow". Auf deutsch Übersetzt "Geldfluss".

Der Geldfluss ist ausschlaggebend in welche Richtung Ihr Geld fließt. Fließt mehr Geld raus als rein, besitzen Sie einen negativen Cashflow, kurz um, Sie werden ärmer. Wenn mehr Geld rein kommt als raus, dann haben Sie einen positiven Cashflow, Sie werden reicher. Kann ich meine Cashflow lenken?

Ja und wie Sie das können. Schauen Sie sich Ihre Einnahmen und Ausgaben an. Sie können den Cashflow in eine positive Richtung steuern, indem Sie überflüssige Zahlungen vermieden. Verträge, die nicht mehr gebraucht werden kündigen.

Damit erreichen Sie, dass sich der negative Cashflow verringert.

Und jetzt sehen wir uns die andere Seite der Medaille an. Sie wollen bestimmt nicht nur den negativen Cashflow verringern, sondern den positiven Cashflow erweitern.

Diese können Sie zu Beispiel, in dem Sie ihr Geld in Vermögenswerte anlegen, die für Sie einen positiven Cashflow generiert. Das könnte zum Beispiel in Dividendenaktien sein. Solange Sie die Aktie, wenn sie sich unter dem Verkaufswert nach Ihrem Kauf der Aktie befindet und nicht verkaufen, haben Sie einen Vermögenswert und einen positiven Cashflow.

Sobald Sie aus irgendwelchen Gründen auch immer, die Aktie mit Verlust verkaufen, ist Sie eine Verbindlichkeit.

Was passiert, wenn die Aktie im Preis um die Hälfte seinen Wertes fallen sollte? Wenn Sie die Aktie nicht aus Panik verkaufen, dann passiert es Ihnen maximal, dass der positive Cashflow halbiert wird.

Es bleibt allerdings bei einem positiven Cashflow. Wenn sich der Markt erholen sollte, dann wir auch der positive Cashflow wieder höher. Ich habe die Dividendenaktie und das Haus nur als Beispiel genannt. Das ist keine

Anlagenberatung und ich bin auch nicht befugt, Sie zu beraten.

Wenn Sie Interesse an solchen Investitionen haben, suchen Sie sich am besten einen praxisnahen Lehrer und lernen Sie aufmerksam. Kommen wir nun zu Wort "Bilanz". Das ist eine Gegenüberstellung von Vermögenswerten und Verbindlichkeiten. Auf "Haesei" gesagt, was nehme ich ein und welche Anlageformen generieren Rendite, zu was gebe ich aus.

Investments werden alle Anlageformen genannt in der eine Person investiert hat. Dazu gehören zum Beispiel Aktie, Anleihen, Fonds, ETFs, Investments, Wohnungen oder Häuser usw. Portfolio wird eine Liste aller Investments genannt.

Ein Portfolio könnte so aussehen: Ich habe in 10% Aktien, 50% Immobilien und 40% in ETFs meines Vermögens investiert. Das waren kurz zusammengefasst die wichtigsten Begriffe und deren Bedeutung, die Sie kennen sollten. Was konnten Sie aus diesem Kapitel auffassen?

Was ich glaube, dass Sie aus diesem Kapitel mitnehmen konnten.

Sie kennen jetzt einige Begriffe der Reichen und können sich damit verständigen. Es wird Ihnen helfen, mit erfolgreichen Menschen zu kommunizieren um von Ihnen zu lernen.

Ihr Verständnis über das Spiel der Reichen wurde noch klarer. Sie können jetzt vielleicht schon Strategien erahnen, um in dem Monopoly spiel die Oberhand zu gewinnen.

Um mehr über Investments zu erfahren, können Sie einen erfolgreichen Investor aufsuchen und sich mit Ihm austauschen. Wenn es in Ihrem Interesse liegt, lernen Sie was über das Investieren.

Kapitel 5
Ansatzformel
Der Weg ist das Ziel

Der Weg, denn Sie beschreiten führt Sie nicht an ein Ziel. Der Weg ist das eigentliche Ziel. Wenn Sie glauben, angekommen zu sein und nicht mehr weiterlaufen, dann haben Sie in der Zukunft verloren. Sie werden viele Zwischenziele erreichen, diese werden Sie Standhafter und Intelligenter machen und Sie werden merken, dass das Thema Geld immer einfacher zu handhaben ist. Das Leben ist ein Lernprozess, hören Sie nicht damit auf. Wer aufhört besser zu werden, hat aufgehört gut zu sein.

Um meine Gedanken mit Ihnen zu teilen, habe ich für mich eine persönliche Erfolgsformel entdeckt. Sie lautet: der Weg ist das Ziel. Wie ist das zu verstehen. Ich habe Ihnen meine Fehler und die damit verbundenen Verbindlichkeiten von 35.000

Euro offenbart. Diese Schulden häuften sich an, da ich mich jahrelang dafür entschieden habe nichts zu tun.

Erst als ich angefangen habe einen Weg zu gehen und proaktiv etwas dagegen zu tun, haben mich die Ideen schon überrannt. Einige gingen gut andere wiederum waren Wirkungslos. Wichtig dabei war, ich habe mich damit befasst.

Und einen Weg gefunden, die finanziellen Probleme zu lösen. Und ich war auf alle "Zwischenziele" stolz. Und bin es auch heute noch, wenn ich eines erreiche.

Durch das "Nichts tun" konnte ich mir natürlich keine Lösungen ausdenken, da ich gar nicht über Lösungen gedacht habe. Damals waren meine Gedanken " Das ist jetzt nun mal so, lebe damit und hör auf zu jammern". Ich bin stehen geblieben. Meiner Meinung nach eines der schlimmsten Dinge, die man nur machen kann. Ich habe eine Zeit lang American Football gespielt.

Bei meinen Teamkameraden durfte ich etwas über Teamgeist und das man niemals aufgeben soll lernen. Da habe ich einen Satz gelernt, denn ich nie mehr vergessen werde und der auch zu 101% stimmt, ja 101%. Wenn man aufhört besser zu werden hat man aufgehört gut zu sein.

Diesen Satz können Sie in allen Lebensbereichen anwenden, nicht nur im Sport. Wenn ich aufgehört hätte, mich seit 3 Jahren über meine Schulden zu befassen, wäre es heute mehr und nicht weniger.

Im Umkehrschluss werde ich dann denselben Weg gehen, und das was ich anfangs Schulden hatte, als Vermögenswerte aufzubauen, indem ich dem erlernten meiner Lehrer und meinen Erfahrungen folge und weiter den Weg bestreite.

Auch wieder mit Fehlern behaftet und bereit zu weiter zu lernen. Aber ich bewege mich weiter. Ich bilde mich weiter. Ich entwickle mich weiter. Und das ist sicher eine Ansatzformel für Reichtum. Nicht ein Ziel zu erreichen und dann stehen zu bleiben und auch nicht nichts tun. Sondern der eigentliche Weg ist das Ziel.

Wie ich Ihnen schon geschrieben habe, kenne ich eine Zauberformel für Reichtum und Wohlstand nicht, aber ich werde eine für mich zugeschnitten suchen, indem ich den

Weg weiter gehe. Ich werde Lösungen und die damit verbundenen Problemen bei verschiedenen Lehrern finden. Ich werde es umsetzen. Ich werde Fehler machen und ich werde es nochmals versuchen. Denke eine Nacht lang über dein Zukunft nach bevor du dafür ein Leben lang arbeitest.

Das bis jetzt erlernte Wissen und die Fehler die ich begangen habe, sind heute ausschlaggebend für meine Erfolge und werden noch ausschlaggebender für weitere Erfolge sein. Und Sie können das auch.

Keinen Zweifel. Sie müssen nur das Erlernte von richtigen Lehrern, das Erlernte von Ihren Fehlern und den Willen, Ihren Weg zu gehen umsetzen und dann können Sie viel mehr erreichen, als Sie jetzt erreicht haben.

Und diese Ansatzformel ist geltend für jede soziale Schicht. Umso aussichtsloser eine Situation erscheint, umso mehr und schneller und effektiver können Sie lernen, sich aus Ihrer Lage zu befreien.

Was konnten Sie aus diesem Kapitel lernen? Auch hier habe ich eine Aufgabe für Sie. Setzen Sie sich hin und stellen Sie sich ihren Traumweg vor. Schreiben Sie alles auf. Und jetzt fangen Sie damit an ihn zu gehen, bleiben Sie nicht stehen, drehen Sie sich nicht um und schauen Sie nach vorne.

Kapitel 6

Spiritualität und Kapitalismus

Wenn wir uns mal in der Welt der Reichen umsehen und uns damit befassen, was die Reich so treiben, gibt es die Spiritualität in den verschiedensten Formen in der reichen Gesellschaft. Es wurden sogar Gruppen gebildet, die zu Meditationskreisen zusammen kommen. Was haben die beiden Wörter Spiritualität und Kapitalismus gemeinsam?

Da berühmte Persönlichkeiten in unserer Weltgeschichte spirituell angehaucht sind, sehe ich den Zusammenhang in der Art und Weise, wie Sie mit Hilfe ihres Glaubens auch reich geworden sind.

Man könnte sagen, dass die Spiritualität ein Partner ihres Lebensweges geworden sind und sie dabei unterstützt hat, ihren Weg des Kapitalismus, reich werden, zu gehen.

Kapitalismus ist in seiner Bedeutung kein schlechtes Wort. Es bedeutet lediglich sein Kapital zu erweitern und zu beschützen. Das tun Sie doch auch oder dies ist auch Ihr Wunsch, etwa nicht? Jeder Mensch belügt sich selber wenn er sagt: Geld ist nicht wichtig, dass brauche ich nicht.

Jeder benötigt Geld um zu Leben und teilweise um zu Überleben. Geld alleine vermag Sie nicht glücklich zu machen, es kommt darauf an, was Sie mit dem Geld machen.

Jetzt kommt ein Kapitel in diesem Buch, dass sich auf den ersten Blick sehr eigenartig anhört, Sie vielleicht glauben ich bin verrückt oder Sie es zum jetzigen Zeitpunkt einfach nicht in Einklagen bringen können. Spiritualität und Vermögen.

Jeder von uns hat irgendetwas, an das er glaubt. Und wenn es der Glaube an sich selbst ist. Er glaubt. Und das kann zu einem sehr sehr starken Antrieb werden, um seinen eigenen persönliche Weg zu bestreiten. Für manche ist es sogar der einzige Antrieb.

Ich kann Ihnen ein gutes Beispiel nennen, Jeff Bezos, der Gründer von Amazon war nicht immer erfolgreich. Er hatte seine Schwierigkeiten. Wenn Jeff nicht an seine Idee geglaubt hätte, würde es heute Amazon vielleicht gar nicht geben. Zu Ihm wurde gesagt, es sei nicht möglich, die ganze Welt zu beliefern. Jeff hat uns das Gegenteil bewiesen.

Dabei ist es meiner Meinung nach nicht ausschlaggebend, an was wir glauben. Wichtig zu wissen ist, dass dieser Glaube einen Antrieb nach vorne hervorrufen soll und nicht nach hinten. Es kann Gott sein, es kann eine Person, eine Familienmitglied, der Buddhismus oder einfach eine Idee oder sich selbst sein an das man glaubt.

Ich möchte Ihnen nun erläutern, an was ich glaube und es einer meiner Antriebe ist, reicher zu werden. Und zwar ist es tatsächlich der Buddhismus.

Warum ich genau an die Lehren des Buddhismus glaube. Ich war mit meiner Verlobten im Thailand Urlaub. Da konnte ich sehr gut erkennen, wie der Buddhismus gelebt wird. Also nicht nur in irgendeinem Buch nach gelesen, sondern mit eigenen Augen gesehen. Die Mönche, die wirklich nichts, außer einem ca. 15 qm² kleinen Häuschen hatten, gingen jeden Morgen um 6 Uhr durch die Straßen und haben spenden der Bewohnern empfangen. Dieses Ritual war für die Mönche überlebensnotwendig, da sie sich nur von diesen Spenden Ernähren dürfen. Es wäre möglich Geld zu spenden, Lebensmittel und Hygieneartikel.

Die Leute im Dorf spendeten freiwillig ohne irgendwelchen Hintergedanken und gerne ihr Geld und ihre Güter. Die Mönche sprachen nie schlecht über anderen Menschen, andere Kulturen oder andere Religionen.

Die Mönche waren einfach glücklich, wenn die Menschen, die sie umgeben auch glücklich sind. Diese Art zu denken, hat mir gezeigt, das Egoismus, Intoleranz und Abneigung nicht überall auf der Welt durchgehend existieren. Noch klarer wurde es mir, dass ich über den Buddhismus mit einem streng gläubigen Katholiken diskutiert habe.

Nichts gegen Diskussionen, die sind wichtig und auch nicht gegen Katholiken, aber genau diese Diskussion, dass ich nicht der Kirche angetan war, führt bei diesem Katholiken zu einer Art Intoleranz. Er hat im Gespräch gesagt: "Weißte du, was Anhänger des Buddhismus getan haben?" Ich habe ihn unterbrochen und das Gespräch beendet. Und da wurde mir klar, dass der Buddhismus ein eindeutiger Antrieb für mich ist.

Warum glauben Sie, dass ich das Gespräch abrupt unterbrochen habe? Das möchte ich Ihnen sehr gerne erklären. Im ganzen Gespräch, gab es nur diesen einen "wahren" Glauben, es gab nur diesen Gott und die anderen haben, dies und das verbrochen. Ich verurteile diese Haltung nicht, aber warum erlaubt sich ein Mensch, dessen glaube eigentlich bedeutet, dass nur

Gott die Menschen richten könnte, aber er selber alle anderen Sichtweisen außer den Glauben an Gott richtet? Diese Frage können nur Sie für sich selber beantworten.

So blieb ich beim Buddhismus. Was war den nun der Antrieb, von dem ich hier spreche? Und zwar war es die Denkungsweise etwas den Armen zu geben ohne etwas zu verlangen und ohne irgendeinen Hintergedanken dabei zu haben.

Ich möchte unter anderem reich werden, um diese Philosophie zu unterstützen, wo ich mich auch immer befinden mag.

Und umso reicher ich werden würde, umso mehr Mittel habe ich dann auch Menschen zu unterstützen. Wenn ich reicher an Wissen werde, kann ich mehr Lehren, wenn ich reicher an Geld werde, kann ich mehr spenden und wenn ich reicher an Erfahrungen werde, kann ich mehr von meinen Fehlern erzählen, damit jemand anderer nicht den selben Fehler macht.

Ich würde meinen steigenden Kapitalismus auch für positive Zwecke verwenden. Kleine Info nebenbei. Zum Zeitpunkt der Erstellung des Buches spende ich an eine Organisation die Einsatzhunde für Katastrophenfälle ausbildet und an eine Organisation, die sich für arme Kinder in Afrika einsetzt.

Wenn wir den Kapitalismus auf diese Art und Weise einsetzten, dann würde das Wort an sich nicht im heutigen Maßstab schlecht sein.

Ich bin davon überzeugt, wenn ein Mensch im Grunde arm und schlecht ist, ist er es auch, wenn er reich wäre und wenn ein Mensch im Grunde arm und gut ist, ist er es auch, wenn er reich werden würde.

Ich höre sehr oft, Geld verändert Menschen. Das ist nicht die Wahrheit. Die Wahrheit ist, er war schon immer so, aber konnte es nicht zeigen, da er arm war oder der Mensch hat sich durch die weiteren Einflüsse verändern lassen.

Es liegt doch an uns, ob wir uns ändern, aber Geld kann Sie nicht verändern, da es nicht zu Ihnen spricht. Nur alles drumherum. Manchmal höre ich auch, dass Geld nicht wichtig ist und man es nicht braucht. Also würden Sie von heute auf morgen gratis arbeiten?

Ich glaube nicht. Da Ihnen ja Geld nicht wichtig ist und Sie es nicht brauchen, kann es ja nicht mehr werden oder? Es ist Ihnen ja nicht wichtig. Doch, Geld ist wichtig. Und noch wichtiger ist, was Sie mit diesem Geld machen.

Ich glaube, jetzt haben Sie schon einen Zusammenhang zwischen Kapitalismus und Spiritualität erkennen können.

An was glauben Sie? Und wird Sie Ihr Glaube positiv begleiten können? Der Buddhismus war ein Beispiel für die Spiritualität das mich betrifft.

Sie können Ihre eigene Story über die beiden Worte Spiritualität und Kapitalismus schreiben, wenn Sie es wirklich wollen. Meine Aufgabe für Sie: Finden Sie einen Glauben, der Sie antreibt.

Wenn Sie schon einen haben, dann intensivieren Sie Ihren Glauben, damit er sie wachsam begleitet.

Kapitel 7

Die Grenzen Ihrer Fähigkeiten

Wenn Sie heute etwas lernen wollen, dann können Sie heute ins Internet gehen und die für Sie passende Anlaufstelle suchen. Wenn wir ehrlich mit uns selber sind, machen wir eine Ausbildung oder zwei und dann wollen wir erst mal nichts mehr vom Lernen wissen und arbeiten. Wir sind, aus verschiedenen Gründen, oft zu faul oder unmotiviert, um unsere Fähigkeiten zu verbessern. Einer der Sätze, die ich oft höre, sind: Wieso soll ich nochmal etwas lernen, ich habe schon eine Ausbildung.

Diese Menschen werden die schleichende Armut im vollen Umfang miterleben. Sie setzten sich dadurch ihre persönliche Grenze und diese Grenzen sind meistens weit unterhalb ihrer eigentlichen Aufnahmefähigkeit.

Das Potenzial ein Leben lang das Richtige zu lernen, müssen Sie heute unbedingt nutzen. Es wird Ihnen helfen, das Unsichtbare zu erkennen.

Wo liegen die Grenzen von Fähigkeiten bei Menschen? Das entscheiden nur Sie! Sie sind am Hebel, bezüglich Ihrer persönlichen Entwicklungen. Ihre Fähigkeiten können Sie ein Leben lang ausbauen und dadurch sogar Reichtum erlagen. Sei es ein Reichtum an Wissen oder Geld.

Sie können auch das Mindeste tun, um Ihren aktuellen Job zu behalten und so zu leben, wie Sie jetzt leben. Dann haben Sie allerdings nie Ihr gesamtes Potenzial ausgeschöpft.

Jeder ist seines Glückes Schmied. Das Beschreibt eigentlich sehr gut, was wir in diesem Kapitel lernen werden. Merken Sie sich gut diesen Satz. Er ist sehr mächtig, wenn man ihn vermag richtig einzusetzen.

Warum glauben Sie, wird der Großteil der Menschheit trotzdem nie ihre Grenzen ihrer Fähigkeiten erfahren oder versuchen, diese auszuloten? "Haesei" Sie glauben, Sie haben keine Zeit, kein Geld oder keinen Nerv dafür.

Ich sehe das so. Sie wollen nicht für Ihre Zukunft geradestehen und weichen einfach komplizierteren und eigentlich essentiellen Themen, wie Geld, aus. Sie lassen einfach Makler und Vertreter für Provisionen arbeiten, die selber keine Ahnung haben, wie Geld funktioniert.

Sie verneinen einfach, dass alles mehr kosten wird und sich die Armut unter die Bevölkerungsschichten schleicht.

Dann höre ich auch: Mir geht es gut, ich kann mir noch das Essen und Wohnen leisten oder: Der Staat wird schon wissen was er tut, ich vertraue ihm.

Wissen Sie, was ich aus diesen Sätzen raus höre? Ich kann mir noch das Essen und das Wohnen leisten, aber wenn ich das nicht könnte, wüsste ich eigentlich gar nicht, was ich dagegen tun könnte.

Hört sich nicht gerade nach "Verantwortung für die eigene Zukunft" an. Der Staat wird schon wissen was er tut, er lässt ja auch zu, dass alles teurer wird und die Löhne nicht spürbar ansteigen, ich vertraue Ihm mein Leben an, da es mir ja bis heute immer gut ging. Ich kann Ihnen sagen, was in Zukunft passieren wird.

Wenn es schief geht, was es früher oder später wird, dann werden diese Leute alle anderen für ihr Elend verantwortlich machen, nur nicht sich selbst. "Ja, die Bank hat doch die Kreditzinsen erhöht, sie ist schuld, weil ich kein Geld mehr habe". Falsch, Sie haben den Vertrag unterschrieben und hoffentlich gewusst, auf was Sie sich einlassen.

"Die Leasingfirma will mich abzocken, dass ihr, deckt der aktuelle Wert des Auto nicht den Restbetrag. Es sind noch 2000€ offen." Sie haben sich hoffentlich die

Wertverluste der Autos ein bisschen angesehen und den Vertrag denn Sie gemacht haben durchgelesen, dann wüssten Sie doch, wo Sie ungefähr am Ende der Vertragslaufzeit stehen oder?

Was ich damit sagen will ist, es ist für die breite Masse einfacher, mit dem Finger auf jemanden oder etwas zu zeigen, als sich selbst darum zu kümmern, weil es ja anstrengend ist und man dem nachgehen muss.

Wenn Sie in diesen Beispielen Ihr Wissen über Kredite und über Leasingverträge und Wehrverlusten von Autos verbessert hätten, hätte Sie wahrscheinlich eine niedrigeren Kreditbetrag gewählt, damit Sie bei Erhöhungen genug Reserve hätten und ein anderes Auto gekauft mit anderen Leasingvertragskonditionen.

Wie gesagt, Sie haben die Verträge unterschrieben, das bedeutet, Sie sind auch dafür verantwortlich, dass es funktioniert. Und wenn Sie keinen Ahnung davon haben, lassen Sie die Finger vorerst davon, fangen Sie an, etwas darüber zu lernen und dann wird es auch funktionieren.

Und dann gibt es da noch ein ganz spezieller Satz, der mich jedes mal zum schmunzeln bringt "Das kann doch keiner Wissen". Ich höre: Sie wissen es nicht, ein anderer schon".

Alle diese Beispiele, nennen wir sie mal Fehler und alle diese Sätze passieren und werden nur aus einem einzigen Grund gesagt: Ich hatte keine Ahnung davon, ich war unwissend. Und wie könnte man solchen

Missgeschicken umgehen? Indem Sie wissen, was Sie tun.

Ja, aber es gibt doch Menschen, die dafür arbeiten, dass solche Verträge passen oder? Ja das stimmt. Die Verträge stimmen für die Makler und Vertreter und die Firmen und Agenturen, aber nicht für Sie.

Und wie kann ich mich davor schützen? Stellen Sie "blöde" Fragen. Was wäre wenn und bereiten Sie sich darauf vor. Lernen Sie, die wichtigsten Punkte solcher Verträge zu erkennen. Was ich übergeordnet Ihnen beibringen möchte ist, dass Sie sich sehr wohl mehrere Fähigkeiten und Wissen aneignen müssen, damit Sie nicht, in Ihren Augen, "Abgezockt" werden.

Fehler werden trotzdem immer wieder einmal passieren und bleiben Teil des Lernprozesses der Lebens. Gibt es jetzt eine Grenze meiner Fähigkeiten? Ja, die Grenze sind Sie selbst, indem Sie bestimmen, wie viele Fehler Sie machen können und wie viel Sie lernen wollen.

Was können Sie für sich selbst aus diesem Kapitel herausnehmen?

Aufgabe: Finden Sie heraus, was Sie alles schon mal lernen wollten und finden Sie einen Weg, es umzusetzen, diese Punkte zu lernen. Kommen Sie dabei immer wieder an Ihre Grenzen und machen Sie Fehler.

Kapitel 8

Sätze der Macht: Einfluss von Worten

Ein sehr mächtiges Werkzeug auf ihrem Weg ist der Einfluss von gesprochenen Worten von Ihnen und von anderen. Wir nehmen das Wort "aber" als Beispiel. In "aber" stecken zwei sehr starke unterschiedliche Bedeutungen. Die eine sehr negativ und die andere sehr positiv. Je nach Satzstellung.

Ich gebe Ihnen ein "Haesei" Beispiel. Ich wollte schon immer Arzt werden, aber das Studium ist mir zu schwer. Was habe ich gerade gemacht? Ich habe einen Traum mit nur einem Satz vernichtet. Diese Person wird niemals Arzt werden. Versuchen wir es mal anders. Ich habe gehört das Studium zum Arzt ist sehr schwer, aber wenn ich mich ins Zeug lege, schaffe ich das. Bei beiden Szenarien ist das Studium schwer.

Die erste Person hat sich schon mit dem Gedanken abgefunden, dass er nie Arzt werden wird und hat es nicht einmal versucht. Die zweite Person wird sich umso mehr bemühen, das Studium zu schaffen, weil er selbst gesagt hatte, dass er es schafft, wenn er sich anstrengt.

Dann gibt es noch die alles zerstörenden Satzanfänge: Ich kann nicht... Ich werde nicht.... Ich träume von.... Wenn Sie diese Satzanfänge im täglichen Gebrauch vorfinden, dann kann ich Ihnen versichern, Sie können nie..... Sie werden nie....... Sie träumen nur........ Stoppen Sie umgehend diese Art zu denken.

Diese Satzkonstellationen wird Sie immer davon abhalten, besser zu werden, zu lernen, zu verstehen und zu sehen. Es wirft Ihnen unglaublich riesige Steine in den Weg und zwingt Sie sogar dazu aufzugeben, wenn Sie sich zu tief in den Fängen dieser Sätze befinden.

Versuchen Sie die Sätze wie folgt zu formulieren: Ich kann..., wenn Ich tue...., weil und Ich mache..... , dann und Sie werden einen merklichen Unterschied in Ihrer Tagesverfassung merken.

Wenn Sie jedoch im negativen Fluss der Satzstellungen bleiben dann werden Sie unter Umständen, Ihre Wünsche und Träume aufgeben und Sie werden alles so hinnehmen wie es kommt.

Ich kann mir einfach nicht vorstellen, dass das Sie das akzeptieren können und wollen. Zurück zum unscheinbaren Wort "aber". Sie haben die beiden Bedeutungen von "aber" gelesen und hoffentlich verstanden.

Überlegen Sie, wie Sie das Wort "aber" verwenden. Es kann Ihr Leben erleichtern und verschönern, "aber" es kann auch das Gegenteil bewirken.

Heute wird das Mindset genannt. Das haben Sie sicher schon mal gehört. Ich kann mit dem Wort nichts anfangen, da es mir zu Mainstream geworden ist und in meinen Augen dadurch auch die Kernbedeutung verloren ging.

Ich nenne die Art zu denken "Maesei" positiv gepoltes Denken und negativ gepoltes Denken. Wobei ich sagen muss, dass wir auch nicht alles himmelblau sehen dürfen. Eine gesunde Balance zwischen positiv gepoltes Denken und negativ gepoltes Denken ist dabei schon wichtig, um richtig und falsch unterscheiden zu können. Passen Sie bei "richtig" und "falsch" ein bisschen auf. Es liegt immer im Auge des Betrachters, was richtig und falsch ist.

Dieses Kapital habe ich sehr kurz gehalten, da der Sinn von gepoltem Wissen sehr leicht verständlich sein sollte.

Sie können mir gerne auf die Finger klopfen, wenn ich mich irren sollte. Was konnten Sie aus diesem Kapitel mitnehmen?

Und wieder eine Aufgabe: Beobachten Sie sich selbst beim Sprechen. Hören Sie sich selber zu. Wollen Sie sich selber hören, wenn Sie negativ gepolt sein sollten oder hört sich positive Polung besser an?

Zum Schluss

Der Grund warum ich dieses Buch geschrieben habe ist, dass ich damit Menschen begleiten möchte, die vom Weg abgekommen sind oder die Richtung ändern wollen. Wie bereits erwähnt, kenne ich noch nicht die Formel für Reichtum und Wohlstand, da ich nicht reich bin, zum aktuellen Zeitpunkte befinde ich mich allerdings in einer Ausbildung für Reichtum und Wohlstand.

Mit diesem Buch verschaffe ich auch Einblicke in die Welt der Reichen und deren Systeme, die ich bis jetzt erfahren und lernen konnte. Meine gesamtes Wissen über diese Themen steckt in diesem Buch und ich hoffe sehr, damit Leben verändern und verbessern zu können.

Dieses Buch soll als eine Anlaufstelle in eine andere persönliche bessere Zukunft jedes einzelnen Menschen werden. Es soll Menschen motivieren Lehrer zu suchen um sich fortan weiterbilden zu können. Es soll Möglichkeiten eröffnen, die davor noch nicht mal existierten und es soll die Augen der Menschen öffnen, wenn sie sich von der Wahrheit abwandten.

Dieses Buch ist für Menschen gemacht worden, die Bewegung in ihr Leben bringen wollen, um nicht stehen zu bleiben. Um zu lernen, wachsen, Fehler machen, wieder lernen und weiterwachsen, bis das Ziel erreicht wird und noch weitere Ziele folgen werden. Es ist für Menschen, die blind sind, für das was passiert und das was noch kommen wird, um wieder sehen zu können und die Fähigkeit besitzen, dem Unsichtbaren auszuweichen.

Das Buch wurde auch für Menschen geschrieben, die sich in einer momentanen aussichtslosen Situation zu befinden scheinen, aber der Schein auch trügen kann und man sehr wohl in der Lage ist, die Hürden, die es gibt zu meistern. Ich ermutige Menschen, die sich nicht an Fehler ran wagen, gar etwas tun, dass sie Fehler machen könnten, nehme sie bei der Hand und zeige Ihnen, dass einer der besten Lehrer ihre eigenen Fehler sind und es nicht beschämend ist auch Fehler zu machen.

Ich möchte mich nochmals für Ihre Unterstützung bedanken und wünsche Ihnen alles Gute auf alle weiteren Wege, die Sie durchschreiten mögen.

Danksagung

Das Danken wird in der heutigen Zeit leider immer seltener, obwohl die Menschen auf andere Menschen angewiesen sind. Deshalb möchte ich an dieser Stelle meinen Eltern und mein meiner Verlobten danken, dass sie immer an mich und an meinem Lebensweg glauben.

Auch will ich ausnahmslos alle anderen Menschen danken, dessen Weg sich mit mir gekreuzt haben, geblieben sind oder weitergezogen sind und einen positiven oder auch negativen Eindruck hinterlassen haben. Ohne sie, wäre ich heute nicht der, der ich bin. Zum Schluss möchte ich natürlich Ihnen für Ihr Interesse und Unterstützung danken. Vielen Dank.

Notizen: